LES

DEUX VOYAGES

D'ABRAHAM GOLNITZ

LYON. — IMPRIMERIE MOUGIN-RUSAND

LES
DEUX VOYAGES

D'ABRAHAM GOLNITZ

Dans le Forez et le Lyonnais

AU XVIIe SIÈCLE

EXTRAIT DE L'ITINÉRAIRE EN FRANCE ET EN BELGIQUE

Traduit et publié avec notes et éclaircissements

PAR A. VACHEZ

Avocat, docteur en droit

Membre de la Société littéraire, historique et archéologique

de Lyon

LYON

AUG. BRUN, LIBRAIRE	CATHABARD, LIBRAIRE
Rue du Plat, 13	Quai de l'Hôpital, 55

1879

DEUX VOYAGES D'ABRAHAM GOLNITZ

DANS LE FOREZ ET LE LYONNAIS

Au xviie Siècle

L'ITINÉRAIRE d'Abraham Golnitz n'est pas curieux seulement par les descriptions qu'il nous donne des principales villes de France. Il offre aussi le plus grand intérêt au point de vue topographique, pour fixer la situation exacte des anciennes routes nationales, qui mettaient en relation les divers centres de population, au commencement du xviie siècle.

Golnitz est venu à deux reprises à Lyon, en suivant chaque fois une route différente, chacune fort ancienne et remontant certainement, l'une et l'autre, à l'époque de la domination romaine. Car le moyen-âge s'était servi des anciennes voies de communication, sans en créer de nouvelles, et les incessantes guerres civiles du xvie siècle n'avaient point permis d'entreprendre sur le réseau des routes, qui sillonnaient le territoire, des travaux d'amélioration, qui ne sont possibles qu'aux époques de paix et de prospérité.

A son premier voyage à Lyon, Golnitz arriva dans notre ville, après avoir passé à Moulins, La Palisse, la Pacaudière, Roanne, Tarare et l'Arbresle. C'était, comme on le voit, l'ancienne route de Paris à Lyon, par le Bourbonnais, qui semble avoir été, à toutes les époques, la plus fréquentée, comme la plus courte, pour se rendre de notre ville dans la capitale. Une foule de documents du moyen-âge en constatent l'existence, surtout dans la partie comprise entre Lyon et Tarare (1). François Ier la suivait en 1536, à son retour de Provence, quand il rencontra, à la *Chapelle de Sienne* (2), Jacques V roi d'Ecosse, qui venait lui demander la main de Madeleine de France, sa fille aînée (3).

---

(1) L'existence de cette route antique est mentionnée notamment sur le territoire des communes actuelles de la Tour-de-Salvagny, Fleurieux, l'Arbresle, Bully, Sarcey et Tarare, dans un grand nombre de documents du moyen-âge, signalés soit par M. Guigue dans son mémoire intitulé : *Les Voies antiques du Lyonnais, du Forez, du Beaujolais, etc, déterminés par les hôpitaux du moyen-âge* (p. 66.-149 et s.), soit par M. Vincent Durand, dans son travail ayant pour titre : *Recherches sur la station gallo-romaine de Mediolanum, dans la cité des Ségusiaves.*

(2) *La Chapelle de Sienne*, hameau situé au point de jonction de l'ancienne et de la nouvelle route, et qui dépend des trois communes de Joux, les Sauvages et Machezal.

(3) « Le roi dès lors qu'il eut donné ordre à Lion pour toutes les frontières de son royaume, deslogea de Lion et sur le chemin au haut de la montagne de Tarare, entre ledit lieu de Tarare et St-Saphorin, où il y a un lieu qui s'appelle *la Chapelle*, auquel lieu étant là à dîner, le vint trouver le roy d'Ecosse..... et trouva ledit roy d'Ecosse, ainsi que je l'ai dit ci-devant, à ladite Chapelle, auquel lieu il fut grandement recueilly du Roy, et après plusieurs autres propos luy demanda l'une de ses filles en mariage. (*Mémoires de Martin du Bellay*, p. 431)

« Le roy s'estoit asseuré de ses nouveaux conquests, et ayant donné ordre aux frontières de son royaume, revenoit en France. Le roy d'Es-

Guillaume du Bellay, seigneur de Langey, et vice-roi de Piémont, la suivait aussi, quand il vint mourir, en 1543, (nouveau style), d'un accès de goutte, dans le bourg de Saint-Symphorien-de-Lay (1). Enfin, quarante ans après Golnitz, c'était par cette même route, que Madame de Grignan se rendait de Lyon à Paris, en traversant la montagne de Tarare, au grand effroi de sa mère (2).

---

cosse le veint rencontrer à *la Chappelle*, entre Tarare et St-Symphorien au Lyonnois, et là lui demanda l'une de ses filles en mariage (De Serres. *Inventaire de France*, t. 3, p. 996).

(1) « Le sieur de Langey..,.. pour la débilité de ses membres (car il étoit perclus à cause de longs travaux), avecques le congé du Roy, partit de Turin en une litière, pour venir devers luy, auquel il désiroit avant que mourir déclarer beaucoup de choses pour son service....., mais il ne luy fut possible d'y parvenir; car le neufiesme jour de janvier mil cinq cent quarante deux, il trépassa à *Saint Saphorin sur le mont Tarare*, au grand regret de plusieurs gens de bien, de sçavoir et d'expérience (*Mém. de Martin du Bellay*, l. IX). — Guillaume du Bellay fut inhumé dans la cathédrale du Mans, où son tombeau fut découvert en 1863, dans la partie du transsept actuellement réunie au chœur. (V. *Congrès archéolog. de France* 30ᵉ session, p. 395).

(2) Le 25 février 1671, Madame de Sévigné écrivait à sa fille : « J'ai transi de vous voir passer de nuit cette montagne (*de Tarare*), « que l'on ne passe jamais qu'entre deux soleils et en litière... M. de « Coulanges avoit mandé au Secrétaire de M. Du Gué qu'on envoyât « une litière à Rouane ; si vous aviez écrit un mot du jour que vous « croyiez arriver, vous l'auriez trouvée infailliblement. »

En 1711, il fut fait sur cette route, par l'ingénieur Deville, des travaux importants, qui rendirent bien plus facile la traversée de la montagne. Aussi Arthur Young, qui y passa le 30 décembre 1789, écrit-il dans son *Voyage en France* : « La montagne de Tarare est moins formidable en réalité qu'on veut bien le dire. » Mais, sous le premier empire, cette route fut reconstruite entièrement sur les flancs de la montagne, et l'antique voie du moyen-âge, dont la largeur est considérable et qui n'est suivie que par les voyageurs à pied, subsiste, en quelque sorte, comme un monument archéologique et un témoignage de la science des ingénieurs d'autrefois.

Nous allons suivre d'abord notre voyageur, dans son itinéraire depuis la Palisse jusqu'à Lyon.

I. — DE LA PALISSE A LYON

« De *Saint-Gérand le Puy*, nous nous dirigeons, par une
route sabloneuse, vers *la Palisse*, où notre arrivée est an-
noncée à son de trompe, par des guetteurs, du haut d'une
tour du château; c'est un usage établi par l'illustre seigneur du lieu. Cette ville est située sur une colline, et nous
y arrivons, par un chemin fort raboteux, qui nous conduit à
notre hôtellerie. Dans une vaste cuisine, les filles de l'hôte
préparaient le repas, où l'on nous servit du poisson en
abondance, car c'était un vendredi, jour d'abstinence.

Le lendemain, la route fut plus pénible; car nous eûmes
à gravir plusieurs hauteurs, d'où nous apercevions, dans le
lointain, d'autres montagnes, dont les sommets étaient cou-
verts de neige, comme celles de la Savoie. Mais la gaîté de
nos compagnons et les divers passe-temps, auxquels ils se
livrèrent, nous firent oublier les fatigues du voyage. Enfin
nous arrivâmes, à quatre milles de distance, à la *Pacaudière*,
laissant derrière nous notre conducteur, et, contrairement à
son avis, nous fimes préparer un diner composé d'excellents
poissons, à l'*Image de Notre-Dame*.

Après diner, nous nous remettons en route, et nous arrivons, à la tombée de la nuit, dans la petite ville de *Roanne*,
située à quatre milles de la Pacaudière. Mais avant d'en-
trer à l'hôtel de la *Tête-d'Or*, nous voyons venir au-devant de
nous l'illustre comte d'Oetingen, qui arrivait de Lyon et
venait passer la nuit dans l'hôtellerie voisine. Nous avions
conservé un excellent souvenir de l'accueil gracieux, qu'il
nous avait fait auparavant à Paris; aussi avant de le quitter,

pour continuer notre route, lui adressâmes-nous nos vœux les plus empressés pour un heureux voyage.

Le jour suivant nous traversons, sur un bac, la Loire, qui coule à l'extrémité de la ville. D'abord la route s'étend en ligne droite, pour tourner ensuite à gauche; puis elle devient montueuse et fait de nombreux circuits, ce qui rend notre marche lente et pénible. Aussi, pour abréger le trajet, nous nous écartions souvent du grand chemin (1). Arrivés à l'auberge de *La Fontaine* (2), située à quatre milles environ de Roanne, quelques-uns des nôtres, souffrant de la faim, demandèrent quelques aliments, pour soulager leur estomac; mais il n'y avait là pour les guérir de leur mal, ni médecin, ni médicaments (3).

C'est pourquoi, quitte à dîner de meilleur appétit, nous nous remettons en route, sans retard, quoique le ciel fût pluvieux. Bientôt s'offrent à nos regards une profonde vallée et des montagnes couvertes de rochers, où les vents luttent avec les nuages. Nous suivons la croupe de la montagne, dominant, des deux côtés du chemin, un paysage accidenté et d'un aspect sauvage (4). Nous descendons len-

---

(1) La route ancienne, suivie par Golnitz s'écartait, sur presque tout son parcours, de la route actuelle qui la traverse à plusieurs reprises. De l'Hôpital, elle gravit par une pente ardue, la croupe de la montagne et atteint un plateau qu'elle suit jusqu'à Neaux et Saint-Symphorien-de-Lay. De là, elle s'élève encore sur la hauteur, passe à Chatain, descend au bas de Fourneaux, pour remonter de nouveau à la Roche et à la Fontaine, d'où elle gagne, presqu'en ligne droite, Pin-Bouchain.

(2) La Fontaine, hameau de la commune de Machezal. Un relai de poste y exista jusqu'au commencement de ce siècle, où il fut transporté à Pin-Bouchain, quand fut livrée à la circulation la nouvelle route conduisant de Tarare au sommet de la montagne.

(3) Golnitz, qui essaie de prendre ici le ton de la plaisanterie, veut dire qu'il n'y avait là ni vivres, ni cuisinier.

(4) La description, que Golnitz donne de cette route, est parfaitement

tement au fond de la vallée et, par un chemin assez étroit,
bordé de buis, et traversant un territoire planté de vignes,
nous arrivons enfin, à trois milles de distance, dans la ville
de *Tarare*, tout trempés de pluie, et nos conducteurs accablés de fatigue et mourant de faim.

Nous nous arrêtons à l'hôtel de *Saint-Sébastien* (1). Au
dedans tout est joie et plaisir. Le service de l'écurie, de la
cave, de la table et le reste sont remplis par des femmes; on
n'y voit aucun autre serviteur, et toutes ces femmes sont
sœurs et filles de l'hôtesse. Chacune a son emploi déterminé et chacune y pourvoit avec une exactitude parfaite.
Jamais, dans tout notre voyage, je n'ai observé une organisation pareille. Les mets qui nous sont servis sont copieux
et excellents; les vins aussi bons qu'on peut les désirer; les chambres vastes et d'une grande propreté, et, ce
qu'on ne doit pas moins louer, le tout à un prix modéré.
Tout cela allait à merveille à des gens dont l'estomac était
à sec, pendant qu'à l'extérieur leurs vêtements étaient ruisselants de pluie.

Le jour suivant, avant de nous remettre en route, la
table était servie de nouveau et l'on nous engageait à faire
honneur au déjeûner qui nous avait été préparé. Mais l'hôtesse et ses suivantes prévoyaient que nous aurions à subir

---

exacte. En quittant le plateau qu'elle avait suivi, depuis la Chapelle jusqu'au lieu appelé Château-Gaillard, elle descend par une croupe ardue,
d'où le regard s'étend, d'un côté, sur la profonde vallée de Joux, que dominent, au midi, de sombres bois de sapins, et de l'autre, la gorge sauvage et inhabitée, où débouche actuellement le tunnel du chemin de
fer.

(1) Quelques années auparavant, le 3 mars 1623, nous voyons
aussi le prince de Condé, venant de Lyon, s'arrêter à Tarare, où il
dîna à l'hôtellerie de Saint-Sébastien (*Voyage de M. le Prince de Condé
en Italie*, p. 161). — Cet hôtel de Saint-Sébastien n'a cessé d'exister que
depuis une dizaine d'années seulement.

une tempête; car au moment de notre départ, la rougeur du soleil annonçait une pluie prochaine. Pourtant, il ne commença à pleuvoir que lorsque nous arrivâmes à l'*Arbresle* (1), petite ville située dans une vallée, à quatre milles de Tarare.

À notre entrée dans la ville, les hôteliers nous engageaient vivement à nous arrêter; mais nous avions hâte d'arriver à Lyon d'une seule traite.

En sortant de l'Arbresle, nous quittons le fond de la vallée, pour gravir, pendant assez longtemps, une route arduc, aux pavés glissants (2). La pluie nous cachait le sommet des montagnes et nous avions à lutter contre le vent et la grêle, en lançant nos chevaux au galop, ventre à terre. La tempête était si violente que nous craignions véritablement d'être emportés par le vent, dans les nuages épais qui se traînaient sur les hauteurs, pour aller retomber quelque part, comme de la pluie. Notre conducteur lui-même, qui connaissait parfaitement cette route, était demeuré en arrière, presque suffoqué par le vent.

Nous parvenons ainsi au village de *la Tour* (3), situé à

---

(1) L'Arbresle est déjà désigné, comme station sur la route de Paris à Lyon, dans le compte des dépenses faites par la députation envoyée, en 1345, au roi de France, par Humbert II, dauphin de Viennois :

« Die lunæ sequentis in prandio apud *Arbrellam*, v. s. tornois. » (De Valbonnais. *Mémoires pour servir à l'histoire du Dauphiné sous les dauphins de la maison de la Tour du Pin*, p. 567.)

(2) En quittant l'Arbresle, la route ancienne s'écartait considérablement de la route actuelle. Après avoir franchi la Brevenne, elle s'élevait presque directement sur la hauteur; puis laissant à une assez faible distance, à droite, le village d'Eveux, elle traversait le hameau du Poteau, d'où elle descendait au pont Buvet, après lequel la route moderne lui emprunte de nouveau son parcours.

(3) La Tour de Salvagny, village du canton de l'Arbresle (Rhône). C'était autrefois le premier relai de poste sur la route du Bourbonnais.

un mille et demi de l'Arbresle. Nous avions l'intention d'y prendre un peu de repos; mais l'hôtellerie était dépourvue de tout : point de bois sec, aucun de ces divers services dont nous avions besoin sans retard. Il nous fallut donc renoncer à ce projet et nous remettre en route, par un temps peu agréable, pour gagner Lyon, dont nous étions éloignés d'un mille et demi. Nous poursuivons donc, sans nous arrêter, en suivant un plateau, d'où nous apercevions les montagnes éloignées, où avaient pris naissance ces nuages et toute cette pluie. Quoiqu'elles fussent situées à une assez grande distance de la ville, elles paraissaient cependant entourer, comme un cercle, la hauteur que nous suivions avec nos chevaux.

Enfin, après une descente très-rapide, nous arrivons au pied de la montagne. Nous faisons un assez long détour et nous parvenons à la porte de la ville, que nous n'apercevions point encore; car, située presque toute entière au fond de la vallée, elle échappe aux regards des voyageurs. Presque de tous les côtés, autour des remparts, s'élèvent des montagnes fort hautes, sur lesquelles sont bâtis, en certains endroits, les murs de la ville. A l'entrée de la porte, des gardes nous demandent nos noms et celui de l'hôtellerie où nous voulions loger. Je les leur donnai par écrit, et ils y apposèrent leur visa, après avoir reçu une gratification.

Cependant la pluie ne cessait de tomber. Il nous restait encore à faire un assez long trajet par un chemin sinueux, qui nous conduisit au pont jeté sur la Saône. L'eau tombait abondamment des chéneaux des toits jusqu'au milieu des rues, et nous fûmes obligés de subir tout ce déluge jusqu'à notre hôtellerie : *Au Lion d'Or de la Lanterne*, où, pour être admis, nous remîmes au maître d'hôtel le bulletin, sur lequel nos noms avaient été inscrits à la porte de la ville.

Nous arrivions ainsi, sains et saufs, au premier terme de

notre voyage, mais après avoir fait une route très-pénible et reçu une pluie torrentielle. Notre ami et notre hôte, Christophe Pregel, nous eût facilement fait oublier ce désagrément, par ses soins empressés, si nous n'eussions été attristés par la nouvelle du meurtre commis tout récemment dans l'hôtellerie.

Nos compagnons avaient envoyé un serviteur, avec quelques bagages, de Paris à Lyon, où il arriva à bon port, soit en voiture par la route de terre, soit en bateau par la rivière de la Saône. Malheureusement, dans le trajet, il s'était lié imprudemment avec un Français, qui était un profond scélérat, et, peu de temps avant notre arrivée, cet homme, couchant dans le même lit que ce serviteur, l'avait mis à mort en le poignardant pendant son sommeil. Puis il prit la fuite et se sauva, sans que les magistrats et les gens de justice se fussent inquiétés de le poursuivre.

Nouvel exemple qui apprend aux voyageurs combien, dans un pays inconnu, ils doivent être réservés dans leurs conversations et circonspects dans le choix de leurs compagnons de route. »

Arrivé à Lyon au commencement de décembre 1630, Golnitz y séjourna pendant six semaines environ, c'est-à-dire jusqu'au milieu du mois de janvier suivant. Et c'est pendant ce long séjour, qu'il fit de notre ville la description si intéressante que nous avons publiée, sous le titre de *Lyon au* XVIIe *siècle* (1).

Quand il quitta Lyon, ce fut pour se rendre à Genève,

---

(1) *Lyon au* XVIIe *siècle*, extrait de l'*Itinéraire en France et en Belgique* d'Abraham Golnitz, traduit et publié avec notes et éclaircissements. Lyon, Brun, Cathabard et Glairon-Mondet, 1877, g^d in-8° de 120 p. avec un plan de Lyon au XVIe siècle.

d'où il passa en Savoie et dans le Dauphiné. De là, il parcourut successivement la Provence, le Languedoc, le Bordelais, le Limousin et l'Auvergne.

Après avoir visité successivement les diverses villes de cette dernière province, et notamment Clermont et Thiers, il revint, pour la seconde fois, à Lyon, en suivant, depuis Limoges, la même route, parcourue, dans un sens contraire, par Michel Montaigne lors de son retour d'Italie, en 1581.

Il est vraiment curieux de comparer l'itinéraire que nous ont laissé les deux voyageurs. Dans cet intervalle de cinquante ans, rien ne semble avoir changé dans le parcours. Les relais de poste, les étapes sont les mêmes ; de Lyon à Thiers, l'un et l'autre passent par *Courzieux*, la *Bourdelière* (1), *Saint-Martin-Lestra*, *Feurs*, *Boën* et l'*Hôpital*, c'est-à-dire par l'antique route romaine qui, d'après Strabon, conduisait de Lyon dans le pays des Santons, et dont on retrouve des restes si bien conservés, non-seulement dans le Lyonnais et le Forez, mais encore dans l'Auvergne, où, près de Clermont, dans la vallée de Villard, on peut encore faire un parcours de plusieurs kilomètres sur le pavé antique, formé de blocs de lave.

Mais quand Montaigne traversait nos pays, il revenait d'un long voyage de dix-huit mois, et il avait hâte de rentrer dans ses foyers. Aussi, daigne-t-il à peine nommer quelques-unes des localités qu'il rencontre sur sa route (2).

____

(1) La Bourdelière, ancien relai de poste, dans la commune de St-Laurent-de-Chamousset (Rhône). Voyez ci-après l'itinéraire suivi par Michel Montaigne, de Lyon à Thiers.

(2) L'itinéraire de Michel Montaigne étant peu connu, nous croyons utile de reproduire ici le passage concernant nos pays :

« Le mercredi 15 de novembre 1581, je partis de Lyon après disner, « et par un chemin montueus vins coucher à

Golnitz, au contraire, qui venait dans notre pays pour le visiter et le connaître, apporte partout son esprit observateur et ne néglige aucune des choses dignes d'être remarquées.

A ce titre, ce second itinéraire de notre voyageur n'offre donc pas moins d'intérêt que le précédent, d'autant plus qu'aucun autre auteur contemporain ne peut suppléer aux renseignements qu'il nous fournit sur la route conduisant de Thiers à Lyon.

II. — DE THIERS A LYON.

« Après avoir passé la nuit à Thiers, nous quittâmes le matin cette ville, en descendant au fond de la vallée et conduisant nos chevaux par la bride. De là, nous gravîmes, pendant une heure, une montagne escarpée et fort haute, par un chemin serpentant au milieu des vignes.

Au sommet, la vigne disparaît et les vallées aussi. Nous voyageons sur un plateau couvert de champs de froment,

---

« BORDELIÈRE, cinq lieues, village où il n'y a que deus maisons. De
« là, le jeudi matin, fîmes un bon chemin plein et sur le milieu d'icelui
« près de Fur (Feurs), petite villette, passâmes à bateau la rivière de
« Loire, et nous rendîmes d'une trete à

« L'HOSPITAL, huit lieues, petit bourg clos. De là, vendredi matin,
« suivismes un chemin montueus, en temps aspre de neges, et d'un
« vent cruel, contre lequel nous venions, et nous rendismes à

« TIERS, six lieues, petite ville sur la rivière d'Allier, fort marchande,
« bien bâtie et peuplée... etc. »

Montaigne continue ensuite sa route, en passant successivement à
Pont-du-Château, Clermont, Pontgibaud, Pontaumur, Pont-Charaud,
Chatain, Sauliac, Limoges, les Cars, Thiviers, Périgueux, Mauriac et
Montaigne.

(*Journal du voyage de Michel de Montaigne en Italie, en 1580 et 1581*,
t. III, p. 453).

et arrosé de tous les côtés par un grand nombre de ruisseaux. La route que nous suivons ainsi nous conduit directement à la *Courtade* (1), à deux milles de Thiers, puis à la *Poste* (2), située à deux milles plus loin. Après avoir traversé ces deux localités, nous entrons dans la province du Forez (3).

---

(1) La Courtade, hameau de la commune de Celles (Puy-de-Dôme).

(2) La Poste, hameau de la commune de Noirétable (Loire), appelé aussi *la Paux*, sur quelques cartes du siècle dernier. C'était un ancien relai de poste, comme son nom l'indique. Un bureau de douane y avait été aussi établi. Ce relai semble avoir été tenu, pendant de longues années, par de riches familles ; à l'époque du voyage de Golnitz, le maître de poste était Jacques d'Auvergne, père de Joseph Valentin, géographe du roi. On y voit toujours l'ancienne maison de poste, vaste et solide bâtiment, dont la cour est précédée d'une porte cochère monumentale du xve au xvie siècle.

(Chaverondier. *Invent. des arch. de la Loire.* Introduction, p. 22. — Rimaud. *Excursions foréziennes*, p. 151. — *Notes communiquées* par M. Vincent Durand).

(3) Bien que depuis l'ouverture de la route, connue sous le nom du *Cordon*, l'ancienne route conduisant de Thiers à Boën ait été abandonnée complètement, on peut la suivre encore, de nos jours, telle que Golnitz l'a parcourue au xviie siècle, et nous croyons être agréable à nos lecteurs en leur communiquant ici la note que M. Vincent Durand, secrétaire de la Diana, a bien voulu nous communiquer sur la direction de cette ancienne voie de communication : « De Thiers, elle descend à la Durolle par une rue très-rapide, bordée encore de maisons du moyen-âge fort curieuses et passe sur le pont de Seychalle, dont l'aspect est si pittoresque. Elle gravit ensuite la haute montagne qui domine cette ville à l'orient, passe, à peu de distance, au nord des ruines de l'ancien château de *Montguerlhe*, puis au *Plage*, groupe méridional des maisons du hameau de l'*Obstancie*, et sert de limite à la commune de Celles, jusqu'au point coté 702 sur la carte du dépôt de la guerre. De ce point, elle gagne *Rambaud*, ancienne maison encore subsistante, traverse *Champeix*, la *Courtade*, franchit une petite rivière que la carte de Godefin appelle *ruisseau de la Corde*, mais qui, si nous ne nous trompons, porte sur les vieux titres le nom de *Semène*, puis elle touche la

Cette route est pénible pour le voyageur, tant les montagnes sont mêlées aux vallées. En effet, à chaque pas, la plaine est coupée par quelque montagne, à laquelle succède encore une autre plaine. A peine est-on monté à cheval, qu'à l'entrée d'une vallée en pente on est obligé de mettre pied à terre, pour se remettre de nouveau en selle à la montée.

Laissant, à gauche, le village de *Noirétable* (1), nous traversons, à un mille de la *Poste*, le bourg de *Landrevie* (2), où se trouve un château (3), pour gravir de là une montagne si élevée, qu'elle dépasse de beaucoup le célèbre mont du *Credo*, dont l'ascension est si pénible pour le voyageur qui se rend à Genève (4).

Fortie, et atteint le *Puy-des-Portes*, hameau indiqué, sans dénomination, sur la carte de l'état-major et situé entre la Légère et la Poste, où elle arrive enfin. »

(1) L'ancienne route de Thiers ne passait point, en effet, à Noirétable. De la Poste, ou plutôt du Puy-des-Portes, point culminant, elle descendait au *Bruchet*, passait à proximité du *Vernay*, et arrivait à un carrefour triangulaire, situé à l'intersection du chemin de Saint-Jean-la-Vestre à Noaillat, où s'élevait jadis un ormeau, souvent cité sous le nom d'*Orme de la Dévira*. (*Note communiquée* par M. Vincent Durand.)

(2) Landrevie (Golnitz écrit : *Landervieil*), hameau de la commune de Saint-Jean-la Vestre ; on y remarque encore une ancienne auberge, souvenir du passage de l'ancienne route.

(3) Le château du Bost, ancienne possession des Chaussecourte, famille originaire de l'Auvergne.

(4) Du château du Bost, au pied duquel passait l'ancienne route suivie par Golnitz, on gagne, par la *Massacrie*, le sommet d'une montagne assez élevée, mais qui n'a pourtant guère plus de 800 mètres d'altitude (834ᵐ, à 150 mètres environ au nord de la route), tandis que le point culminant du *Credo* est à 1608 mètres. De ce sommet, on a une vue fort étendue, et c'est sans doute cette circonstance, jointe à la raideur de la pente, qui a pu faire exagérer à notre voyageur la hauteur de cette montagne.

De cette montagne, on redescend dans une vallée très-en pente, en laissant à gauche, à un demi-mille de distance, le village de *Saint-Didier* (1), qui appartient au marquis d'Urfé (2).

De cette vallée, il nous faut remonter encore, en faisant un trajet d'un mille, jusqu'au château de *Rochefort* (3), qui est en ruine, ainsi que le bourg qui l'avoisine. A un demi-mille de Rochefort, se trouve situé, sur la rivière d'*Anzon*, le bourg de l'*Hôpital* (4), où l'on compte peu d'habitants, et dont les maisons ont un extérieur des plus modestes. Cependant, nous fîmes à l'*Hôtel de la Poste* (5) un dîner

---

(1) Saint-Didier-sur-Rochefort, commune du canton de Noirétable (Loire). Le chemin, suivi par Golnitz, est appelé par les paysans *chemin de la Poste*, et *ancien chemin*. Du sommet dont on vient de parler, il descend au *Mas* par une pente fort rapide, qui a conservé en plusieurs endroits des parties pavées. Ce pavé, large de 2 mètres à 2 mètres 50 centimètres, est formé de blocs irréguliers de moyenne dimension, avec bordure de blocs plus volumineux. (*Note communiquée* par M. Vincent Durand).

(2) A l'époque du voyage de Golnitz, le seigneur de Saint-Didier était Jacques d'Urfé, deuxième du nom, comte d'Urfé, de Rivole, de Sommerive et de Châteauneuf en Valromey, marquis de Bagé, baron de Virieu-le-Grand, Marignan et Magnac, seigneur de Neufville, Argental, Saint-Hilaire, Saint-Just-en-Chevalet, Saint-Didier-sur-Rochefort, Sainte-Agathe, la Bâtie, Rochefort, etc., chambellan du roi, chevalier de son ordre, lieutenant-colonel de la cavalerie légère de France, maréchal grand'croix de la religion des Saints Maurice et Lazare de Savoie, capitaine de cent hommes d'armes, bailli de Forez, qui mourut en 1673, à l'âge de 116 ans.

(3) Du Mas, situé dans un vallon, la route remonte, en effet, jusqu'à Rochefort, en passant à la *Croix-du-Trève*, et en franchissant une succession de paliers séparés par des pentes très-courtes, mais assez fortes.

(4) L'Hôpital-sous-Rochefort, commune du canton de Boën (Loire).

(5) L'ancien hôtel de la Poste, détruit au commencement de ce siècle, était situé entre la rivière de Saint-Laurent et le bourg de l'Hôpital, sur l'emplacement occupé aujourd'hui par la maison de M. Boëly, forgeron. C'était, dit-on, le meilleur des hôtels que l'on trouvait sur la

excellent, surtout à cause des fraises et des cerises qu'on nous servit, et qui nous causèrent une surprise agréable.

Après dîner, nous continuâmes notre route dans une plaine agréable (1), et, laissant à notre droite le château de *Cousan* (2) et le monastère de *Leigneu* (3), nous arrivons, à un mille de distance, dans la petite ville de *Boën*. De là, nous traversons successivement les villages, assez peu connus, de la *Bouteresse, Sainte-Agathe, Saint-Etienne* (4), et *Naconne* (5), et nous arrivons, à trois milles de Boën,

---

route de Thiers à Feurs. Il avait donc soutenu dignement sa réputation depuis l'époque où Golnitz y fit un excellent dîner. (*Note communiquée par M. Vincent Durand*).

(1) Comme on le voit sur la carte de Cassini, l'ancienne route suivait d'abord, de l'Hôpital à Boën, la rive droite de l'Anzon, puis elle traversait deux fois le Lignon, pour passer sur la rive gauche de cette rivière, seulement en face du village de Leigneu.

(2) Cousan, château situé sur la commune de Sail-sous-Cousan, longtemps possédé par les familles chevaleresques de Damas et de Lévis. Les ruines grandioses de cette ancienne forteresse féodale sont, encore aujourd'hui, le monument le plus remarquable de l'architecture militaire du moyen-âge que possède le Forez.

(3) Leigneu, d'abord prieuré de femmes de l'ordre de Saint-Benoît, fondé en 1050 par une noble dame du nom d'Albane, fut érigé en chapitre de chanoinesses nobles du même ordre en 1748.

(4) Saint-Etienne-le-Molard, commune du canton de Boën (Loire). Golnitz écrit : *Saint-Yve*, parce que, sans doute, cette localité lui fut dénommée en patois. C'est ainsi que la ville de Saint-Etienne est encore appelée *Santiève* dans le langage vulgaire de la population des environs. — On voit par l'itinéraire de notre voyageur que l'ancienne route s'écartant, au midi, de la voie actuelle, passait à Sainte-Agathe et à St-Etienne, ou plutôt au *Mas*, maison de poste dépendant de St-Etienne, et située à 300 mètres de ce village ; de là, elle se dirigeait sur Jullieu, dont le nom nous révèle une ancienne station romaine, puis à Goincet, d'où elle gagnait Naconne.

(5) Naconne, hameau de la commune actuelle de Clépé. Le passage de l'ancienne voie romaine à Naconne est confirmé par la découverte d'une colonne milliaire, conservée actuellement au château de

à la rivière du *Lignon*, cours d'eau peu large, mais assez profond, que nous traversons sur un bac, en payant un demi-sou pour chaque passager.

La route traverse ensuite une campagne verdoyante jusqu'aux bords de la Loire, où il n'y avait ni pont, ni bac, mais qui nous semblait aisée à traverser à gué, malgré sa largeur. Nous continuons donc directement notre chemin dans le fleuve, non toutefois sans quelques difficultés, car l'un de nos conducteurs, étant tombé dans l'eau avec son cheval, faillit se noyer; heureusement que quelques-uns des nôtres s'empressèrent de le retirer promptement avec sa monture, tout ruisselant et évanoui, car la frayeur qu'il avait éprouvée l'avait saisi et comme paralysé. Nous arrivâmes ainsi à *Feurs*, et nous passâmes la nuit à l'hôtel de la poste, où nous fûmes bien vite reconfortés par un bon feu et une excellente table.

Feurs a donné son nom à la province du Forez, habitée autrefois par les Ségusiaves. On lit l'inscription suivante, gravée en caractères de couleur grise, sur une pierre noirâtre placée dans le mur de l'église, qui est située le long de la voie publique :

Bigny, et sur laquelle on lit le fragment d'inscription suivante, qui nous apprend que cette route fut, tout au moins, restaurée sous le règne de l'empereur Trajan :

IMP CAES
TRAIANO O
... IO P:O FEL
PONT. MAX.

Un pont existait sur le Lignon, à Naconne, dès le XIVe siècle ; mais il fut emporté à plusieurs reprises par les débordements de cette rivière. C'est ainsi que Golnitz dut la traverser sur un bac.

NVMINI AVG.

DEO SILVANO

FABRI TIGNVAR.

QVI FORO SEGVS.

CONSISTVNT

D. S. P. P. (1)

.Ce jour-là, quatre cents soldats logeaient dans la ville et toutes les maisons étaient occupées, à l'exception de l'hôtel de la poste.

Aussi, le lendemain, de crainte d'être en butte à quelques vexations, nous nous mîmes en route de grand matin, pendant que ces troupes dormaient encore. Le premier village que nous rencontrons est *Saint-Martin* (2), situé à deux milles de Feurs, dans un pays riche en froment, mais où n'existe aucune vigne. De là, chevauchant par monts et par vaux (3), nous arrivons, à quatre milles de distance, au

---

(1) « *A la divinité d'Auguste, au dieu Sylvain, les ouvriers charpentiers qui habitent le Forum des Ségusiaves ont élevé ce monument de leurs propres deniers.* »

Cette inscription, après être demeurée, jusqu'en 1858, dans le mur extérieur de l'église de Feurs, là où l'avait vue Golnitz, a été placée, à cette époque, dans le vestibule de l'hôtel de ville par les soins du maire, M. Broutin. (Broutin. *Hist. de Feurs*, p. 7).

(2) Saint-Martin-l'Estra, commune du canton de Feurs (Loire), située à 12 kilom. de cette dernière ville.

(3) De Saint-Martin-l'Estra, l'ancienne route, s'éloignant de la route actuelle, se dirige au nord-est vers Saint-Bonnet-les-Places, ancienne possession des chevaliers de Malte, traverse l'ancien relai de poste de la Bourdelière, où logea Montaigne en 1581, puis descend, en suivant un plateau et la croupe de la montagne, au pont de la Giraudière, d'où elle remonte au village de Courzieux.

village de *Courzieux*, où nous fûmes reçus magnifiquement
à *l'hôtel de la Poste* (1). Mais nous y séjournâmes peu de
temps, parce que le ciel était menaçant; nous repartîmes
donc pour achever le chemin qui nous restait à faire pour
arriver à Lyon, qui est à une distance de quatre milles (2).
Nous entrâmes dans cette ville, sans encombres, vers les
cinq heures du soir, par la route de Toulouse (3), ayant
le Rhône à notre droite, et nous regagnâmes notre ancien
hôtel : *Au lion d'or de la lanterne.*

Nous nous arrêtâmes six jours à Lyon pour prendre quelque repos et nous remettre en route, plus dispos, pour
l'Italie, avec les conducteurs qui devaient nous accompa-
gner dans ce voyage. »

——

Nous laisserons Golnitz s'occuper, à Lyon, des prépara-
tifs de son voyage dans le nord de l'Italie, où il se rendit
par Genève, Annecy, Saint-Jean-de-Maurienne et Modane.

---

(1) Au bas du village de Courzieux, se trouve le quartier appelé les
Hôtelleries, où passait l'ancienne voie romaine et où l'on remarque encore deux anciennes maisons du xvᵉ siècle, servant autrefois d'auberges
et dans l'une desquelles se trouvait l'*Hôtel de la Poste*, où s'arrêta
Golnitz.

(2) De Courzieux, l'ancienne route s'élève par une pente ardue sur
la croupe de la montagne, d'où elle atteint, en faisant quelques con-
tours sur le versant septentrional, Saint-Bonnet-le-Froid; de là, elle
descend, par le Recret, à Grézieux-la-Varenne, pour atteindre
ensuite Lyon, en passant au Tourillon, au Pont d'Alaï et au Point-du-
Jour.

(3) La route de Feurs, suivie par Golnitz, se raccordait, à l'entrée du
faubourg de Saint-Irénée, avec l'ancienne route de Toulouse, qui abou-
tissait alors à la porte de Saint-Just, en suivant la rue actuelle des
Macchabées.

Cette partie de son itinéraire sort, en effet, des limites de nos provinces. Mais ce qui ne nous est point étranger, c'est le récit du voyage, fait à deux reprises par notre auteur, dans la Bresse et le Bugey, pour se rendre de Lyon à Genève. Nous donnerons prochainement ce double chapitre aux lecteurs de la *Revue du Lyonnais*, si les quelques pages que nous publions aujourd'hui ont pu leur offrir quelque intérêt.